WIDMUNG

Dieses Buch

ist all jenen gewidmet,

deren Selbstachtung

durch manipulative Umgebung

welcher Art auch immer

angeschlagen oder zerstört wurde.

Im Besonderen gilt die Widmung

jenen, die die Organisation

der Zeugen Jehovas verlassen

und sich auf den Weg

der Selbstverwirklichung,

dem Weg zu sich selbst,

begeben.

INHALTSVERZEICHNIS

Widmung

Autorin und Copyright Silvia Lackner   August 2018

.

Einleitung:
SELBSTACHTUNG
UND ZEUGEN JEHOVAS

Ich erkläre hier ausdrücklich, dass der gesamte Inhalt dieses Buches ausschließlich meine eigene, persönliche Meinung und Sichtweise beschreibt, zu der ich durch eigenes Erleben, persönliche Beobachtung, logischem Analysieren gelangt bin. Alle daraus gezogenen Schlussfolgerungen und gewonnenen Erkenntnisse, die ich hier wiedergebe, stellen keinen Anspruch auf absolute Richtigkeit dar und enthalten keinerlei Verbindlichkeit. Der Inhalt dieses Buches stellt keine Hetze gegen die Organisation der Zeugen Jehovas und/oder gegen den einzelnen Zeugen dar und ist frei von verleumderischer Absicht und unbegründeten Vermutungen.

In der Psychologie wird SELBSTACHTUNG beschrieben als *die Achtung vor sich selbst, die (wohlwollende) Wertschätzung der eigenen Person, Fähigkeiten und Wert.*

Jeder Mensch kommt auf diese Welt mit ganz bestimmten individuellen Anlagen, Fähigkeiten und Begabungen. Umso mehr diese bestehen und sich ausbauen dürfen („Es ist ok, wie du bist"), desto ursprünglicher, unverdorbener ist die Selbstachtung, und dementsprechend gesund, lebendig und erfüllend ist die Beziehung zu sich selbst und damit auch alle zwischenmenschlichen Beziehungen.

Mein Erleben in der Organisation der Zeugen Jehovas ist, dass der natürlichen, ursprünglichen Selbstachtung kein Raum gewährt wird. Sowohl deren Lehre als auch ihre Lebensweise baut darauf auf, dass der Mensch niemals ok ist so wie er ist. Alles, was ein Mensch ist (wie er denkt, handelt, interagiert, seine Sehnsüchte und Wünsche, welche Ziele er sich setzt und wie er diese verfolgt, was ihm wichtig ist und was er mag, wird abgeglichen mit dem von der Organisation vorgegebenem Soll und Muss, das in einem Idealbild mündet (die Organisation spricht vom „echten Diener Gottes [Jehovas]").

Dieses Idealbild zu erreichen steht auf der Lebens-To-Do-Liste eines Zeugen ziemlich weit oben. Freilich erreicht es selten jemand, und u.a. deshalb muss sich der Zeuge wohl eingestehen, dass er ein grundlegend armseliger, immer wieder versagender Schuldiger ist, der um seines Lebens willen darauf angewiesen ist, das Loskaufsopfer Jesu Christi als allereinzige Option anzunehmen, dennoch in der Gottes bleiben zu können (so eine der Grundlehren der Zeugen Jehovas). Als Ausgleich dafür werden Opfer gefordert wie die Beschneidung des Selbst, das Zensieren von Gedanken und Verhalten, die Übernahme des Bewertungssystems der Zeugen und in Folge dessen die Aufgabe jeglicher als „unrein" definierten Gedanken und Verhaltensweisen, da diese noch schuldiger machen als der Mensch von Haus aus sowieso schon ist. Die konsequente Einhaltung der engmaschigen Vorgaben führt zur Reduktion von dem, was und wer man tatsächlich ist auf das, was man sein soll. Permanent vollzogene entsprechende Taten sollen öffentlich zeigen, dass man willens ist, in Jehovas Gunst zu bleiben (wie Predigen von Haus zu Haus, aktive Beteiligung in den Zusammenkünften, fleißige Spenden und Mitarbeit bei Errichtung und Erhaltung von Zusammenkunftsstätten, freilich alles entgeltfrei. Und sich günstigstenfalls täglich so viel wie möglich mit den Publikationen und dem Gedankengut der Organisation befassen, denn man will ja geistig gut genährt bleiben.), und irgendwann wird diese Lebensweise so eingefleischt, dass man alles andere ausblendet, wegschaltet und großteils sogar als nicht vorhanden negiert.

Gefördert und ausgebaut an Eigenschaften, Neigungen, Begabungen und Fähigkeiten wird nur das, was dem Wohl der Organisation dient und ein gutes Licht auf sie wirft. Alles andere wird vergessen bis abgetötet.

Irgendwann ist man als Zeuge Jehovas sehr, sehr weit von sich selbst entfernt, und irgendwann hat man aufgehört, sich selbst wirklich zu spüren. Aber da merkt man's nicht mehr. Kommt ein anderer daher, der einen darauf hinweist, wird dieser nur belächelt als jemand, der einfach nicht checkt, was wahr ist und mit höchstem Unverständnis als armseliger Irrläufer betrachtet.

Besonders für in die Organisation Hineingeborene ist die Grundlage für Selbstachtung fatal, denn sie haben keine Gelegenheit, sich selbst in ihrer Ursprünglichkeit kennen zu lernen und damit keine Option, sich in ihrem wahren Selbst achten zu lernen.

Echte Selbstachtung habe ich bei den Zeugen Jehovas nie erlebt. Was ich erlebt und an anderen beobachtet habe, ist vielmehr, dass die Lehre und Lebensweise als Zeuge Jehovas sehr weit von sich selbst wegführt.

Denn was ein Zeuge Jehovas zu achten gelehrt wird, ist nicht, was er selbst ist, sondern was er sein soll. Es ist das Bild des *idealen Zeugen Jehovas*, das hochgeachtet ist, und die Begründung dafür ist, weil dies zu erreichen die einzige Rettungsmöglichkeit vor dem sicheren Tod ist.

Wie sieht dieses Idealbild eines Zeugen Jehovas aus?

Kapitel 1:
SELBSTACHTUNG UND
DER IDEALE ZEUGE JEHOVAS

Das Ideal, das jedem Zeugen Jehovas vorgegeben wird, ist ein Mensch, der sein gesamtes Leben, all sein Denken, Fühlen und Handeln, der Organisation und ihren Belangen widmet.

In Bezug auf Selbstachtung habe ich es selber so erlebt und beobachtet: *Jeder* Bereich wird vom Selbst auf Jehova und seine Organisation verlagert. „Wohlwollende Wertschätzung für die eigene [im Sinne von *ursprünglicher*] Person, Fähigkeiten und Werte" wird nur dann aufgebracht, wenn diese Fähigkeiten und Werte mit den von der Organisation vorgegebenen übereinstimmen: ständige Dienstbereitschaft, Demut, Bescheidenheit, absolute Loyalität (freilich nur Jehova und seiner Organisation gegenüber), bedingungsloser Gehorsam, Selbstaufgabe, Anerkennen der eigenen grundlegenden Unvollkommenheit und Schuldigkeit, und höchstmögliche Entsprechung der Anforderungen Jehovas (interpretiert durch die Leitende Körperschaft) in *allen* Lebensbereichen.

All dem, was einen Menschen in seiner Individualität und Einzigartigkeit ausmacht wie besondere Fähigkeiten oder Begabungen, wird keine Bedeutung zugemessen und verkümmert. Individualität wird generell nur gefördert, solange es den Vorgaben entspricht. Besonders gut sichtbar ist dies bei der Kindererziehung. Alles, was außerhalb des Vorgaberahmens der Organisation liegt, wird schon an der

Wurzel so beschnitten, dass es (am besten) gar nicht mehr aufkommen kann. Das Ziel ist für Eltern ist, aus ihrem Kind einen „wertvollen Zeugen für Jehova" zu machen, und in dieses Ziel wird sehr viel Energie investiert. Mein Empfinden und Erleben ist das Bemühen der Organisation, alle so gleichzuschalten, dass in reinster Qualität die Organisation gefördert wird und der einzelne so selbstreduziert wie möglich für Jehova und seine Organisation lebt. Umso früher bei einem Kind damit begonnen wird, desto mehr Erfolgsaussichten verspricht man sich dabei.

Der ideale Zeuge Jehovas generell stellt so gut wie alle eigenen Interessen zugunsten der „Wahrheit" (= das Glaubensgebäude dieser Organisation) zurück oder gibt sie, noch besser, überhaupt auf. Er befolgt brav und treu die sich ständig wiederholende (und oftmals indirekte) Aufforderung, *noch mehr* Zeit, Energie und Geld (= freiwillige Spende) für Jehova einzusetzen. Er glaubt dem Versprechen bedingungslos, dass ihm der Lohn gewiss ist (bei der endgültigen Vernichtung von Harmagedon gerettet zu werden und ewig im Paradies leben zu dürfen). Ich war der ideale Zeuge Jehovas, denn ich glaubte das alles 100 %ig, und gab mich vorwiegend mit solchen Mitgläubigen in der Versammlung ab, die die gleiche Einstellung hatten wie ich. An der „Spitze", bei den „Vorreitern", der „Elite", bei „den Besten" dabei zu sein wurde immer als erstrebenswert dargestellt und bei allen Gelegenheiten wurde dies propagiert.

Als idealer Zeuge ist man der Organisation gegenüber immer und jederzeit loyal und treu. Bestehende Missverhältnisse werden niemals nach außen getragen, gleich welcher Art diese Missverhältnisse sein mögen, ob es leichte Vergehen oder schwerwiegende Vergehen sind. (Bei sexuellen Übergriffen auf Kinder zB wird dies maximal den Ältesten gemeldet. Diese haben die Anweisung, solche Fälle in keinem Fall zur Anzeige zu bringen bzw. nach außen zu tragen. Es gilt bei der internen Behandlung eines solchen Falles die 2-Zeugen-Regelung, die die Organisation biblisch begründet. Das bedeutet, dass ein Fall nur dann Konsequenzen für den Täter hat, wenn es für diese Tat mindestens einen weiteren Tatzeugen gibt (das Kind gilt nicht als solcher), oder aber der Täter geständig ist. Da beides bei Kindesmissbrauch eher selten der Fall ist (und wenn doch, dann kommt es zu 99,9 % der Fälle mit Tatzeugen zu Falschaussagen des Mittäters), gibt es so gut wie nie Sanktionen für den Täter. Bei geständigem Täter wird dieser ausgeschlossen, einige Zeit später wird er aber, wenn es sein Wunsch ist, wieder in die Gemeinschaft aufgenommen und kann sein Spielchen fortsetzen.)

Der ideale Zeuge Jehovas würde niemals, NIEMALS gegen die Organisation agieren! Tut er's doch, ist ihm sein Ausschluss gewiss.

Das Zeugen-Idealbild kennt keine echten, spontanen Gefühle. Ich rede aus eigener Erfahrung. Laut dem Bibelbuch Jeremia ist das Herz des Menschen verräterisch und ihm ist keinesfalls zu trauen, weshalb es stets vom Verstand behütet im Sinne von „gezügelt" zu werden hat. Der Verstand wird gefüttert von Regeln und Vorgaben der Organisation (die angeblich von „Jehova" geleitet wird, wobei die Leitung der Organisation wiederum interpretiert, wer Jehova wirklich ist und wie das, was er selbst sagt [die Bibel] wirklich zu verstehen ist), und dieser Verstand hat das Herz zu beschneiden an allen Ecken und Enden, wo dies laut Organisationsleitung erforderlich ist.

Deshalb läuft die Aufforderung, Liebe zu leben, für den idealen Zeugen Jehovas in etwa so ab:

Eine Grundforderung der Zeugen Jehovas ist, den Nächsten zu lieben, und als Nachfolger Christi werden sie generell immer wieder angespornt, Liebe zu leben. Was Liebe „wirklich" ist, definiert die Leitung der Organisation bis in alle Einzelheiten, und ebenfalls ist definiert, wie sich echte Liebe anzufühlen hat. Der Zeuge füttert seinen Verstand mit diesen Informationen und befiehlt seinem Herzen, das zu fühlen, was es fühlen soll, um weiterhin in der Gunst Jehovas zu bleiben und nicht vielleicht etwas anderes als es darf zu fühlen.

Wenn das Herz aber dann doch mal etwas anderes fühlt als es vom Kopf aus fühlen dürfte, kommt es zu arger innerer Zerrissenheit und zu argen Schuldgefühlen. Man fühlt sich unwürdig, unwert, überhaupt nicht liebenswert und verachtet seine eigenen Empfindungen und mit der Zeit sich selbst im Gesamten. Das Herz verschließt sich mehr und mehr, so dass man mit der Zeit zu vielen Dingen nichts mehr fühlt.

Es dauert nicht lange, und das Herz des idealen Zeugen Jehovas ist minimalistisch klein geworden. Selbst seinen Mitgläubigen bringt er Liebe aus dem Kopf entgegen, denn er hat verlernt, *echt und spontan* zu fühlen.

Es klingt vielleicht übertrieben und abstrakt. Doch ganz genau so funktioniert der Prozess, ich kann's aus eigener Erfahrung bestätigen und habe es bei vielen, mit denen ich aufgewachsen bin, gesehen und sogar miterlebt.

Der ideale Zeuge Jehovas hinterfragt nichts, was von der Organisation kommt, oder forscht selbst nach, um sich von der Richtigkeit einer Schlussfolgerung oder Aussage zu überzeugen. Die Schlussfolgerungen bestimmter Lehren braucht er auch nicht nachvollziehen zu können, denn er glaubt bedingungslos dem „treuen und verständigen Sklaven" Jehovas, sprich, der Organisation, die von ein paar Männern, die behaupten, direkt von Jehova inspiriert zu sein, geführt wird. Wenn Lehren mit Bibelstellen erklärt werden, die aus dem Zusammenhang gerissenen und neu kombiniert sind, fällt dem idealen Zeugen das nicht auf, denn jedes Wort, jede Silbe, die die Organisation unterbreitet, ist 100 %ig wahr. Immer. Und jederzeit. Das war schon immer so und wird auch immer so sein.

Wenn die Organisation Lehren revidiert, dann ist es nur deshalb, weil das „Licht der Erkenntnis" kleinweise heller wird und der unwürdige Mensch niemals alles, was der große Jehova von sich gibt, verstehen kann. So gibt es immer nur nach und nach grünes Licht für Verständnis, wodurch sich die Lehren natürlicherweise von Zeit zu Zeit verändern. Der ideale Zeuge Jehovas glaubt dieser Argumentation der Organisation Wort für Wort.

Heute scheint es mir in höchstem Maße nicht nachvollziehbar, dass ich auch einmal so dachte, und noch viel weniger, dass ich davon völlig überzeugt war!

Der ideale Zeuge glaubt auch dann alles, was die Organisation sagt, wenn er es mit eigenen Augen anders sieht. Seine Selbstachtung ist so weit gesunken, dass er in solchen Fällen von sich denkt, er kann eben die Dinge niemals so gut verstehen und klar sehen wie der treue und verständige Sklave – und er ignoriert, was er sieht, er weigert sich, es *(für) wahr zu nehmen.* Welch ein Glück für die Organisation!

Als idealer Zeuge folgt er der Aufforderung der Organisation, über die „Wahrheit" BEI JEDER GELEGENHEIT (ob passend oder nicht, ob gewünscht oder nicht etc) zu reden. Dass er oft verspottet und abgelehnt wird, das macht ihm nichts aus, denn er spürt ja schon lange nichts mehr, und wenn doch, dann ist es für ihn nur die Bestätigung, dass es wirklich die „Wahrheit" ist. Denn sagte Jesus nicht selbst, dass seine wahren Jünger von der Welt verspottet und verfolgt werden? Ja, das tat er, und die Organisation interpretiert da noch hinzu, dass genau das einer der Gründe sei, warum die wahre Dienerschaft Jehovas nur unter sich glücklich und zufrieden sein kann.

Wie praktisch das doch ist! Der ideale Zeuge Jehovas braucht selbst niemals über den Tellerrand schauen, denn da draußen ist sowieso alles nur böse und verabscheuungswürdig und vernichtenswert, darum strengt er sich noch mehr an, der IDEALE ZEUGE JEHOVAS zu sein.

Denn nur dann kann er sich selbst achten und wird von Jehova und seiner Organisation geachtet ...

Kapitel 2:
GESUNDE SELBSTACHTUNG

Wenn jemand einem Menschen mit gesunder Selbstachtung wiederholt vermitteln möchte, er sei ein sündenbeladenes, ständigschuldiges Wesen, das ohne die Hilfe eines „höherwertigen", übergeordneten Wesens nur verdammt und vernichtenswert ist, fragt sich dieser Mensch mit gesunder Selbstachtung einfach nur, was denn der für ein Problem hat.

Begibt sich der Mensch mit gesunder Selbstachtung nicht aus diesem Dunstkreis heraus, beginnt er früher oder später ziemlich wahrscheinlich an sich selbst zu zweifeln (spätestens dann, wenn er eine gravierende Fehlentscheidung getroffen hat oder ihn ein Schicksalsschlag trifft und er dann zum wiederholten Mal auf seine grundlegende Unwürdigkeit und Fehlerhaftigkeit hingewiesen wird). So gut wie niemand unter den „Normalmenschen" kann gut bei sich bleiben, wenn er ständig mit entwürdigendem und menschenverächtlichem Gedankengut bearbeitet wird.

Deshalb ist es eine gute Empfehlung, solche Kontakte aus dem eigenen Lebenskreis auszusondern bzw. entsprechende Austauschinhalte abzustoppen und auszuschließen. Gesunde Selbstachtung verwehrt jedem anderen das Recht, die eigene Selbstachtung abzusprechen. Niemand anderer hat das Recht, jemanden verächtlich zu betrachten und diesem einzureden, dass er eigentlich (schon von Geburt an) gar nicht würdig ist, geachtet zu werden und schon gar nicht von sich selbst. Wo kämen wir denn da hin, wenn sich jeder selbst achten würde, wenn jeder wohlwollende Wertschätzung für sich selbst, seine Eigenschaften, Fähigkeiten, Begabungen usw haben würde? Dann wäre keiner mehr manipulierbar, man könnte niemandem mehr etwas verkaufen, das er gar nicht braucht, man könnte nicht mehr die Grenzen anderer überschreiten oder übergriffig werden, entwürdigende Aktionen würden nicht mehr funktionieren, man könnte keinen Unfrieden mehr stiften, keine Kriege mehr führen ... Menschenskind, was wäre denn das für eine Welt???

Bei der Selbstachtung zählen nur selbstgemachte Grenzen. Sie braucht auch von niemandem anderen eine Berechtigung dafür, sich selbst wohlwollend wertzuschätzen und die eigene Würde zu wahren. Selbstachtung hat viel mit Würde zu tun, und wer die eigene Würde zu wahren weiß, der kennt auch seine Werte. Ihm ist bewusst, was ihm wichtig ist, sprich, was er für „richtig" empfindet (nicht in seinem Kopf und nach fremden Vorgaben, sondern) in seinem Herzen.

Wer sich selbst achtet, achtet auch andere, aber nicht deshalb, weil sie etwas tun, was jemand anders als „gut", „richtig" etc definiert, sondern er achtet den anderen in dem, wer und was dieser wahrhaftig ist. Er achtet den anderen *um seiner Selbst willen*.

Wer sich selbst in gesunder Weise achtet, kommt niemals auf den Gedanken, sich als unwert oder nicht liebenswürdig zu sehen. Jedes verschobene Selbstbild basiert auf gestörter bzw. zerstörter Selbstachtung. Nur deshalb kommt es zu gravierenden Mängeln in den darauf aufbauenden Faktoren Selbstwert, Selbstvertrauen, Selbstliebe und Selbstverwirklichung.

Gesunde Selbstachtung ist die Basis für gesunde zwischenmenschliche Beziehungen und Interaktionen.

Für Menschen mit gesunder Selbstachtung wird niemals die Frage entstehen, ob sie daseinsberechtigt sind, oder ob sie auf dieser Erde überhaupt willkommen sind. Sie sind es, ohne Zweifel und ohne Frage; Jeder Mensch an sich ist das, definitiv, und GESUNDE SELBSTACHTUNG bestätigt dies jeden Tag aufs Neue.

Kann ein Zeuge Jehovas sein Leben in gesunder Selbstachtung gestalten?

Kapitel 3:
DIE EINBILDUNG

Wird ein Zeuge Jehovas nach seiner Selbstachtung gefragt, bestätigt er zu 100 % dessen Vorhandensein. Hatte ich damals auch, doch jetzt weiß ich, dass es eine einprogrammierte Antwort war. Weder verstand ich den Sinn der Frage wirklich noch dachte ich vor der Antwort überhaupt darüber nach. Ich erklärte, dass nur die wahren Diener Gottes (und das sind nun mal nur die Zeugen Jehovas) echte Selbstachtung haben können, davon ist jeder ernsthafte Zeuge Jehovas überzeugt. Alle anderen hätten keinen Grund zur Selbstachtung, befinden sie sich doch unter der Herrschaft Satans, des Teufels (freilich ohne es zu wissen, aber dennoch). Aber keine Sorge, deshalb gehen die Zeugen ja auch predigen und tun alles in ihrer Macht Stehende, um den Weltmenschen genau das bewusst zu machen und ihnen die Möglichkeit zu geben, aus dieser verdorbenen Welt heraus zu kommen ...

Heute weiß ich, dass dieser Fakt einer der Hauptgründe für die Selbstachtung als Zeuge Jehovas ist.

Als Zeuge Jehovas ist man völlig überzeugt davon, dass nur Begabungen, Fähigkeiten und Eigenschaften zählen, die Jehova gutheißt - dabei definiert die Leitende Körperschaft, was dies genau ist: Totale Selbstaufgabe; Sich zum idealen Diener Jehovas formen lassen und selbst aktiv dabei mit zu formen; Alle Anweisungen und Gebote Jehovas exzessiv loyal befolgen; Die Interpretationen und Anleitung des treuen und verständigen Sklaven niemals anzweifeln und hinterfragen; Alles Tun, Fühlen und Denken zum Wohle der Organisation gestalten; Immer auf die Mitbrüder und -schwestern achten (was auch heißt, sofort Alarm zu schlagen, wenn eine Missetat bei einem Mitgläubigen bemerkt oder vermutet wird), um keinesfalls mitschuldig an der ewigen Vernichtung eines Mitbruders oder einer Mitschwester zu sein; ... ...

Also wenn solch eine Hingabe und Aufopferung kein Grund für Selbstachtung ist!

Für männliche Zeugen Jehovas besteht ein ernstgenommener Grund für Selbstachtung im Ausüben eines Dienstamtes innerhalb der Gemeinschaft. Ob dies Dienstamtsgehilfe ist, ob Ältester oder vorsitzführender Aufseher, ob Kreisaufseher oder sonst ein Amt — jedes einzelne bezeugt erstens den vorbildlichen Zeugen (und damit schon fast den idealen Zeugen Jehovas) und zweitens dass Amtsträger in Jehovas Augen würdig ist, solch hochwertigen Dienst für ihn leisten zu dürfen (immer kombiniert mit dem Gefühl, befähigt zu sein, „über die Herde Gottes zu wachen"). Für erstaunlich viele ist das Gefühl einer Machtposition dabei (ich habe dies bei diversen Ältesten selbst miterlebt). Diese nehmen ihr Dienstamt insofern ernst, als dass sie sich anderen gegenüber stets als Diener deklarieren, die *wirklich schwere Verantwortung* Jehova gegenüber tragen und unter ihrer Bürde sogar manchmal zu seufzen haben ... und wer sich davon nicht beeindrucken lässt, sieht bei genauerem Hinsehen deren Brust vor Stolz anschwellen, was bei einigen gar nicht mehr zurück geht.

Die meisten Männer, besonders Amtsträger, fühlen sich generell Frauen gegenüber überlegen. Einer Frau ist es nicht möglich, jemals ein Amt inne zu haben, denn den Frauen hat Jehova (sprich sie Leitung der Organisation) die Rolle des Schweigens und der demütigen Unterwerfung zugedacht. Die Organisation bekräftigt gerne und intensiv. Und auch wenn Frauen von Amtsträgern diese doch beraten dürfen, so hat solcherlei stets im stillen Kämmerlein zu geschehen, ohne dass es jemand anderer mitbekommt – es könnte leicht die Stellung des Mannes untergraben. Die Beratung ist dann auch nur soweit zulässig, wie der Amtsträger dies wünscht.

Ansonsten dürfen dle Frauen fleißig predigen, dazwischen das eigene Heim putzen, viele gescheite Kommentare geben als wertvollen Beitrag in den Zusammenkünften, die Kinder nach den Richtlinien des Familienhauptes (= Mann) erziehen, dazwischen mal was anderes putzen wie den Königreichsaal oder den Kongresssaal. Was Frauen auch noch gut können, ist, für den einen reibungslosen Ablauf bei Besprechungen von Amtsträgern oder bei geselligem Beisammensein innerhalb von Mitgläubigen zu sorgen.

Ach ja, und sie dürfen noch etwas: andere Mitgläubige ermuntern, noch mehr zu tun, und Glaubensschwache animieren, wieder stark im Glauben zu werden, denn dabei unterstützen sie die Ältesten und Dienstamtsgehilfen ihrer Versammlung in höchst wertvollem Ausmaß!

Oh, da gibt es ja noch etwas, das äußerst geschätzt wird: sie dürfen schön und gefällig sein (aber nicht zu viel und nicht zu aufreizend, denn das könnte andere Mitbrüder irritieren) und jederzeit zur Verfügung stehen für die Bedürfnisse des Mannes, denn das ist dem Herrn wohlgefällig, das fördert die familiäre Atmosphäre, das zeigt die echte, von Jehova hoch geschätzte Untertänigkeit einer Frau in der Organisation dieses tollen Gottes! Wie konnte ich diesen Aspekt bloß fast vergessen!

Tja, soviel zu den weiblichen Zeugen Jehovas ...

Hochwertige Selbstachtung bezieht der Zeuge Jehovas unverständlicherweise aus Ablehnung von „Weltmenschen". Ob dies im Predigtdienst ist, dass die Tür vor der Nase zugeschlagen wird oder man beschimpft wird (besonders bei Haus zu Haus-Dienst am Sonntagvormittag) oder generell wegen der absonderlichen und abstrusen Überzeugung abgelehnt wird ... untereinander bestärkt man einander in der Selbstachtung. Denn das ist schließlich der eindeutige und unwiderlegbare Beweis, dass man als Zeuge zu den wahren Jüngern Christi gehört und dass diese Religion wirklich die einzig Wahre ist (Jesus sagte mehrfach, dass dies die wahre Religion auszeichnen würde). So bestärken die Zeugen einander, weiter und noch eifriger diesen Dienst zu tun und auszuharren, was immer da auch kommen mag und ja darauf zu achten, den Mut und die Kraft nicht zu verlieren, sowie unbedingt innerhalb der schützenden Mauern der Organisation zu bleiben und keinesfalls auch nur die Nasenspitze über diese Grenze hinaus zu halten – sie könnte plötzlich ab sein und als Zeuge bekäme man dann eventuell keine frische Luft mehr. Das könnte zur Folge haben, dass die Selbstachtung dann auch futsch ist, denn die wird ja zu einem großen Teil durch diese organisatorischen Schutzmauern genährt.

Bei all dieser Ernsthaftigkeit in Sachen Selbstachtung stellt sich u.a. die Frage, welche Langzeitfolgen diese Einbildung hat. Alles, was der Mensch denkt und tut, hat schließlich Auswirkungen auf Körper und Psyche. Welche sind das in diesem Fall?

Kapitel 4:
DIE FOLGEN

An mir selbst habe ich bemerkt, dass diese eingebildete Selbstachtung mehr und mehr den Abstand zu mir selbst, zu dem, was ich im Wesentlichen und ursprünglich bin, gefestigt hat. Wäre es mir nur bei mir selber aufgefallen, würde ich diese Buchreihe nicht verfassen. Doch es gab niemandem, bei dem das anders war, außer bei einigen Zeugen, die sich ein Doppelleben aufgebaut haben, um ihr eigenes Wesen doch ein bisschen bewahren zu können.

Speziell Hineingeborene wissen gar nicht, was sie wirklich sind, welche ihre ursächlichen Begabungen, Fähigkeiten, Anlagen, Eigenschaften etc sind. Denn alles, was nicht „zeugenkonform" ist, wird, wie schon erwähnt, bei ihnen an der Wurzel umgeformt, verkümmert, ausgemerzt, abgetötet. Die allermeisten Eltern erziehen ihre Kinder zum idealen Zeugen Jehovas, das wird von der Organisation so gefördert und es wird viel Energie in die Erziehung und Gestaltung der Kinder investiert. In den Versammlungen, in denen ich war, war das der Eltern oberstes Gebot. Einige Eltern haben sich sogar zusammen getan, um andere in dieser Art der Erziehung zu unterstützen, zu motivieren oder „zu ergänzen" (zB bei alleinstehenden Müttern).

Bei Menschen, die erst später dazukommen, ist das Ergebnis ziemlich ähnlich, sie vergessen mit der Zeit ihr wahres Ich. Sie opfern dieses ja freiwillig, um die Anerkennung und Gunst Jehovas zu erlangen.

Bei den Zeugen Jehovas ist die Depressionsrate unverhältnismäßig hoch, besonders bei den Frauen. Und bei Kindern. Es gibt Kinder, die im Volksschulalter schon Antidepressiva verschrieben bekommen (wie zB einer meiner eigenen Söhne. Die Hauptursache war die rigorose Erziehung zum Idealzeugen, die mit unglaublich vielen Repressionen verbunden war, und die für Kinder schwerst traumatisch ist. Das weiß ich heute, damals war mir das in keinster Weise bewusst).

Aber meine Kinder waren nicht die einzigen, genauso wenig wie ich die einzige war mit schwersten Depressionen. Würde es eine extern arrangierte Umfrage bei den Zeugen diesbezüglich geben, würde die Organisation ganz sicher die Anweisung geben, diese Fakten nicht bekannt zu geben, denn es würde dem Ansehen der Organisation nicht gerade schmeicheln. Bis vor einiger Zeit war das Aufsuchen eines Therapeuten verpönt und wurde intern als Makel angesehen. Jetzt wird es als „Gewissensfrage" oder persönliche Entscheidung „erlaubt" (so habe ich zumindest gehört), jedoch ist für viele der Ansehensdruck innerhalb zu groß, als dass sie derartige Unterstützung annehmen würden. Wie kann denn die Selbstachtung gewahrt werden, wenn jemand zugibt, wegen dieser Lebensweise depressiv (und bei nicht wenigen lebensmüde) zu sein? Besonders männliche Zeugen würden dadurch großes Ansehen verlieren ... es gebietet schließlich die Selbstachtung, sich nicht so bloßzustellen!

Jede seelische und psychische Belastung hat mit der Zeit auch körperliche Auswirkungen. Wieder besonders viele Frauen und noch viel mehr die Kinder leiden unter psychosomatischem Stress. Aber auch viele Männer haben ernsthafte gesundheitliche Störungen aufgrund der Lebensweise als Zeuge. Vor Lebensfreude sprühend gibt es fast niemanden bei den Zeugen Jehovas, auch das ist persönliches Erleben und Beobachtung über 25 Jahre hinweg. Alles wird schnell sehr ernst, vielfach traurig, durchwegs gesetzt, teilweise sogar zäh und in manchen Bereichen wie gelähmt. Manche werden misstrauisch, andere phlegmatisch, andere innerlich einfach müde – und alles wird permanent überspielt mit der Rolle des eifrig-unermüdlichen, immer-freundlichen, hochaktiven Zeugen Jehovas, der alles daransetzt, durch Wort und Tat den weltlichen Mitmenschen vor der ewigen Vernichtung zu retten. Aber wie es innen drin in einem Zeugen aussieht, das sieht man als Zeuge nicht, weil man es negiert, nicht hinsehen will, nichts mehr fühlen will und/oder kann. Und es auch nicht sehen will, dass es die leistungsorientierte idealbildjagende Lebensweise ist, die Körper, Geist und Seele krank macht.

Es dürfte sich in der Ausstiegsmutigkeit aber in der letzten Zeit doch etwas geändert haben, denn zurzeit gibt es viele Aussteiger, die wegen Lebenserschöpfung aussteigen.

Die meisten davon leiden sehr unter dem rigorosen Kontaktabbruch, viele davon werden von der Familie verstoßen und finden sich in einer Welt wieder, die ihnen als feindlich, lebensbedrohlich, böse, durch und durch verdorben, vernichtenswert und abscheulich gelehrt wurde.

Überraschend vielen Aussteigern sitzt die Angst vor der Rache Jehovas und vor der ewigen Vernichtung im Nacken, und es ist ein äußerst intensiver Prozess, sich von diesem Gedankengut und dem Überzeugungsgebäude zu lösen – und das vollständig. Aber es *ist* möglich, ich bestätige dies aus eigener Erfahrung.

Und was ich noch versichern kann, ist, dass sich auf diesem Weg raus aus dieser Organisation, zurück zu sich selbst, erstaunlich oft wundersame Hilfe in Form von Literatur, Menschen, Situationen etc auftut. Für solche Menschen gehört es wohl zum eigenen Weg, all die Erfahrungen innerhalb der Organisation der Zeugen Jehovas gemacht zu haben und dann aus ihr hinauszugehen, um sich selbst wieder zu finden. Das ist zwar jetzt kein Trost für einen frischen Aussteiger, aber für manche kann es eine Erklärung sein, und für einige wenige mag dies sogar ein Aspekt sein, um leichter mit der eigenen Vergangenheit in Frieden zu kommen.

Wichtig auf diesem Weg ist allerdings erst mal die ENTSCHEIDUNG dafür.

Kapitel 5:
DIE ENTSCHEIDUNG

Damit beginnt der Weg zurück zu sich selbst, zurück zur grundlegenden Selbstachtung, die die Basis für alles Weitere ist, mit der Entscheidung „Ja, ich löse mich von der Organisation der Zeugen Jehovas, von deren Glaubensüberzeugung und Lebensweise!".

Diese Entscheidung, klar und bewusst getroffen und formuliert, ist wie eine Zauberformel, die im Bewusstsein wie ein Tor zur Freiheit wirkt. Ich habe es selbst erlebt, wenn auch nicht gleich beim Ausstieg erkannt, sondern erst viel später. Aber hätte mir damals jemand gesagt, wie die Loslösung von etwas so Tiefsitzendem wie die Indoktrination der Organisation der Zeugen Jehovas funktioniert, ich wäre extrem dankbar gewesen, denn ich hätte mir viel Verzweiflung und Frust gespart!

Bewusstsein erfordert immer eine bewusste Entscheidung, der Prozess kommt dann wie von selbst in Gang.

Wichtig dabei ist, diese bewusste Entscheidung immer und immer wieder aufzufrischen, zB indem sie eine Zeitlang täglich morgens und abends wiederholt wird, oder indem sie rituell bekräftig wird, wenn geht mehrmals kurz hintereinander.

Voll bewusst getroffene Entscheidungen haben Auswirkungen bis in die körperlichen Zellen. Dadurch programmiert man sich praktisch selbst um, man muss „einfach nur" dran bleiben. Freilich entstehen dadurch heftige Prozesse, das Loslösen und Loslassen ist mitunter sehr intensiv, denn wir Menschen haben generell eher Schwierigkeiten mit Veränderung. Wenn es dann auch noch Veränderungen in unseren tiefschichtigsten Überzeugungsebenen sind, dann kommt mit der Zeit all das hoch, was man mit so viel Kraft und Energie unterdrückt hat. Deshalb empfehle ich bei diesem Prozess eine gute therapeutische Begleitung, am allerbesten jemanden, der bzw. die sich mit der Thematik „Zeugen Jehovas" gut auskennt.

Hilfreich sind auch Selbsthilfegruppen. In Deutschland gibt es bereits einige solche, zB in Berlin, die sich wöchentlich bzw. monatlich persönlich sowie per Internet zum Austausch treffen. Demnächst wird in Wien/Wien Umgebung ebenfalls eine solche gegründet. Die Bereitschaft, sich als Ex-Zeuge zu outen, ist in Österreich zu diesem Zeitpunkt (2018) noch nicht sehr groß, aber das wird schon werden. Bei Interesse aber bitte einfach Kontakt zu mir aufnehmen, ich würde mich sehr freuen!

Jedenfalls war die Entscheidung, mich vom Gedankengut und dem Glaubensgebäude der Zeugen Jehovas zu lösen und mir ein eigenes, neues Weltbild sowie ein neues „Gottesbild", das meinem Herzen entspricht, aufzubauen, die beste Entscheidung meines gesamten Lebens. Und ich weiß von anderen Ex-Zeugen, dass diese Entscheidung auch die beste in ihrem eigenen Leben war – und wenn auch Du ausstiegswillig bzw. ein Aussteiger bist (egal, von welcher manipulativen Umgebung), wird es auch die beste Entscheidung Deines Lebens sein ☺

Denn damit geht's zurück zur echten Selbstachtung, zurück zum, zu dem, was der Mensch wirklich und wahrhaftig IST!

Kapitel 6:
ZURÜCK ZUR SELBSTACHTUNG

Nachdem nun diese wichtige Entscheidung, zu sich selbst zurück zu finden, getroffen ist, muss ein ganz, ganz wichtiger und grundlegender Schritt vollzogen werden. An diesem Punkt scheitern sehr viele Aussteiger, und ich gestehe, ich habe heute noch, über 16 Jahre nach meinem Ausstieg aus der Organisation der Zeugen Jehovas, in dieser Sache ab und an krasse Rückschläge:

RAUS AUS DEM OPFERBEWUSSTSEIN!!!

Als Zeuge Jehovas wird man so konditioniert, dass man sich in fast allen Belangen als Opfer fühlt:

- Man ist als sündiger und unvollkommener Mensch geboren;

- Man muss in einer „bösen, vernichtenswerten" Welt leben;

- Man wird als „wahrer Diener Gottes" verspottet und verfolgt und sieht dies sogar als Beweis, die „Wahrheit" zu haben und erduldet es deshalb gerne;

- Man erkennt in schwierigen Lebenssituationen von Jehova kommende Glaubensprüfungen, in denen die Echtheit des Glaubens geprüft wird;

- Man leidet, wenn ein Familienmitglied oder ein befreundeter Mitgläubiger die Organisation verlässt

- Man ändert selten aktiv etwas an seinem Umfeld, auch wenn es extrem unangenehme Umstände sind, weil sowieso bald Harmagedon kommt und Jehova dann schon alles richten wird, also harr man einfach nur aus in einer Warteposition;

- Man ignoriert permanent echte Herzenswünsche, wobei die Seele leidet (und sich dies mit der Zeit in Krankheiten äußert);

- Man macht Dinge, die man gar nicht will (zB Predigen, Versammlungsbesuch, das Aufrechterhalten der Immer-freundlichen-Zeugen-Maske kostet viel Energie, ebenso das ständige Beschneiden der Herzenergie und vieles andere mehr);

- Man wird regelmäßig mit Nachdruck aufgefordert, freiwillig zu spenden (für viele Zeugen ist das ein großer Druck auf ihr „gut geschultes" Gewissen und eine Belastung in ihrem Auskommen);

- Man verlernt Eigeninitiative und lernt in kürzester Zeit, alles Tun und Denken mit den Vorgaben der Organisation abzugleichen, bevor es zu Taten kommt. Damit wird man zu passiven, hörigen (gehorchenden) Menschen, die sich generell als Opfer fühlen ...

Als Zeuge Jehovas darf man passives Opferdasein lernen und leben.

Manchmal ist es auch aktives Opferdasein, zB wenn Älteste oder andere Amtsträger eine Aktion veranstalten, aber dennoch ist es insofern Opferverhalten, weil alles nach Vorgabe und nach diktierten Schemen abzulaufen hat. „Opfer" brauchen immer jemanden, der sagt, wie's gemacht gehört, wo's langgeht, was „richtig" ist usw. Sie treffen sehr selten völlig eigeninitiativ Entscheidungen und setzen so gut wie nie außerhalb der von ihnen akzeptierten Vorgaben Aktionen. Bei allen Zeugen geschieht außerhalb der organisatorischen

Vorgaben nichts, dem Bedeutung zugemessen wird. Und wenn doch, dann gelten dabei automatisch die von der Organisation vorgegebenen Richtlinien, die dabei dann oftmals unbewusst und automatisch Entscheidungs- und Verhaltensgrundlagen sind. Prüfe es selbst: Frage einen Zeugen Jehovas nach der Motivation für eine Aktion, ein Verhalten, eine Tat. *Alles* bei einem Zeugen wird in organisatorischen Vorgaben, Interpretationen, Aussagen und Schlussfolgerungen begründet (die klarerweise auf den Ursprung bei „Jehova" haben).

Wer sich über das bisher bekannte Opferbewusstsein hinaus erhebt, gelangt automatisch in Eigenverantwortung und Eigeninitiative hinein. Und nur damit ist die Selbstachtung zurück zu gewinnen, denn ab nun geht's ja darum, *wohlwollende Wertschätzung für die eigene Person, Fähigkeiten und Werte* aufzubringen. Das ist alles andere als leicht, denn das muss praktisch neu gelernt werden. Aber es ist möglich, es erfordert nur einige Konsequenz und den Mut, sich das anzusehen, was in der nächsten Zeit alles hochkommt und sich zeigt.

Mit der Selbstachtung beginnt der Weg zur Selbstverwirklichung, was bedeutet, das zu leben, was man wirklich ist (und nicht was man nach Vorgaben anderer sein soll).

Ein guter Startpunkt für diesen Weg ist immer das JETZT. Das, was Du JETZT bist, ist in Ordnung, ist liebens- und schätzenswert – egal, ob das, was Du glaubst, oder wovon Du überzeugt bist, de facto „richtig" oder „falsch" ist. Und völlig egal, was irgendjemand anderer zu Dir sagen oder denken mag. Es geht nur um Dich, und nur Du allein gibst Dir die Berechtigung, Dich zu achten, nur Du allein bestimmst über Deine Selbstachtung. Du allein bestimmst auch, ob Du diese Selbstbestimmtheit an jemanden anderen (wie zB an diesen imaginären Jehova) abgeben willst oder eben nicht.

(„Imaginär" deshalb, weil „Jehova" meiner Meinung nach ein von Menschen definiertes Wesen ist.

Er braucht eine hierarchisch aufgebaute Organisation, um sich verständlich zu machen? Er setzt menschenverachtende Mittel ein, um Gehorsam zu erzwingen? Er verurteilt die zentrale Lebenskraft des Menschen (sein Herz) und reduziert es auf das absolute Minimum? Er befiehlt zu lieben, versetzt selbst aber mit seinen Drohungen und Forderungen seine Getreuen in Angst und Schrecken? Er inspiriert seine Organisation, zu veranlassen, dass ihre Schäfchen sich so weit von sich selbst entfernen, dass sie sich selbst nicht mehr spüren?

Liebe veranlasst niemanden, sich selbst bis zur absoluten Entseelung zu verleumden und lockt niemanden mit irgendwelchen Versprechen dazu, Dinge zu machen, die dem eigenen Herzen zuwider sind. Ganz im Gegenteil, Liebe schätzt den anderen, das Andere, das Andersartige als gleichwertig, sie appelliert grundsätzlich an das *(bereits bestehende und vorhandene!) Gute* im anderen, ohne ihm erst vordefiniertes „Gutes" einpflanzen zu müssen. Liebe ist frei von Bewertung, frei von Abwertung und Entwertung, sie ist frei vom Belohnungs- und Bestrafungssystem und definitiv frei von Einschüchterung). Liebe macht den anderen größer anstatt kleiner, und sie zeichnet sich dadurch aus, dass sie nicht ständig darauf hinweist wie unwürdig und nichtig der andere doch angeblich ist ... und, und, und ... ...).

Für viele Aussteiger ist es erst mal unumgänglich, sich selbst (neu) kennen zu lernen. Wer bin ich wirklich? Was kann ich, welche Anlagen habe ich? Welche Fähigkeiten und Begabungen zeichnen mich als unvergleichlich einzigartig aus? Was ist mir wirklich wichtig (nicht: was habe ich gelernt, dass mir wichtig sein soll!)?

Das eigene Herz wieder spüren zu lernen (anstatt es ständig zu verurteilen), zu lernen, wieder zu fühlen, ist eine große Herausforderung, die jedoch alle Anstrengung wert ist. Eigentlich ist es weniger Anstrengung als ein Zulassen, ein Wieder-Hervorkommen-Lassen, ein Wieder-Auferstehen von etwas, das lebenszentral ist, jedoch permanent unterdrückt und fast abgetötet wurde.

Sich mit anderen (Gleichgesinnten, am besten mit gleicher oder ähnlicher Erfahrung) über die eigenen Prozesse auszutauschen kann ebenfalls sehr hilfreich sein – es hilft, wieder vertrauen zu lernen.

Irgendwann stellt sich dann eine Veränderung der Selbstachtung ein: man achtet sich nun wirklich im dem Selbst, das man wahrlich ist. Es fühlt sich echt an (und wird nicht nur als „echt" gedacht); Es fühlt sich durch und durch lebendig an, man selbst fühlt sich auch wieder lebendiger, vollständiger, nicht mehr so zersplittert und neben sich stehend.

Und wenn eines Tages erneut jemand versucht, Schuldgefühle einzureden oder zu überzeugen versucht, er wisse, was wirklich „Wahrheit" ist, dann wird das eigene Herz unbeeindruckt davon *trotz allem wohlwollende Wertschätzung für die eigene Person, die eigenen Fähigkeiten, das eigene Wissen und die eigenen Werte* aufbringen, ohne den geringsten Zweifel dabei zu verspüren und ohne den anderen in seinen Manipulationsbemühungen abzuwerten. Es wird den anderen belassen können, er soll tun was er will, aber sicher nicht mit mir! Es fällt einem immer leichter, bei sich selbst zu bleiben, sicher in selbst und voll bewusst der Tatsache, dass nichts und niemand die Macht über das eigene Selbst hat außer das eigene Herz ❤

Kapitel 7:
DIE PFLEGE DER SELBSTACHTUNG

Auf dem Weg der Heilung der Selbstachtung wird es immer wieder Rückschläge geben. Ab und an findet man sich wieder in Situationen, in denen man achtlos gegen sich selbst agiert, ohne dass es einem sofort bewusst ist. Oder manchmal werden durch zwischenmenschliche Interaktionen Triggerpunkte ausgelöst, die einen zurückwerfen in das alte Schema der Selbstmissachtung ... am Anfang dieses Weges wird dies sogar ziemlich oft vorkommen. Wichtig jedoch ist, sich dadurch nicht entmutigen zu lassen. Das ist ok, wenn auch nicht angenehm. Es ist ja auch nicht realistisch zu erwarten, dass sich die Einstellung zu sich selbst und die Loslösung von manipulativem Gedankengut von heute auf morgen endgültig vollziehen. Es braucht seine Zeit, wie alles andere im Leben auch. Deshalb:

NICHT AUFGEBEN, DRAN BLEIBEN AN DER SELBSTACHTUNG!

Jahrelange Indoktrination und Manipulation verändert das individuelle Bewusstsein. Es ist wie eine Gravur, starr ineinandergreifende und sich oft bedingende Verhaltensmechanismen und ganze Verhaltensschemata werden tief ins Bewusstsein eingraviert. Die Bewusstwerdung darüber kann ziemlich schockieren. Die Aufarbeitung und das Herausarbeiten dieser Prägung und Gravuren ist bei vielen Ausgestiegenen großteils wirkliche, echte Mühe und Anstrengung. Dafür braucht es eine ganze Menge Geduld, Ausdauer und viel Verständnis – in allererster Linie sich selbst gegenüber. Denn Ungeduld über die eigene Fehlerhaftigkeit und Selbstverurteilung höchsten

Grades sind mit diesen Manipulationsgravuren eng verknüpft, ja liegen diesen sogar zugrunde! Selbstachtung lässt sich jedoch nicht mit Selbst**ver**achtung wiederherstellen, das ist einfach nicht möglich.

Oft sind mit diesen jahrelangen tiefenpsychologischen Prägungen sogar Traumata verbunden; diese aufzuarbeiten und zu heilen erfordert zusätzlich Geduld und Fingerspitzengefühl.

Als wertvolle Hilfe in der Pflege der Selbstachtung hat sich ein Tagebuch bewährt: Am Ende des Tages den Tag Revue passieren lassen und sich Situationen, die mit dem Thema „Selbstachtung" zusammenhingen, noch einmal mit Abstand anzusehen, macht oft Auslösemomente bewusst und fördert eigene Verhaltensmuster zutage. Wichtig ist, wie gesagt, die neutrale Betrachtungsweise, ohne zu verurteilen, ohne damit zu hadern und ohne zu verzagen (ich weiß, ist leichter geschrieben als getan, aber mit festem Willen zum Ziel und etwas Disziplin ist es möglich, definitiv!).

Fortan wird also SELBSTACHTUNG als ein grundlegender Bestandteil des eigenen Seins eine wichtige Angelegenheit sein, die gehegt und gepflegt werden will und muss, damit sie sich im Wesen fix manifestieren kann. Die Außenwelt wird immer wieder spiegeln, wo man in diesem Prozess steht, denn in dem Maße, wie sich jemand selbst achtet, wird er auch von anderen geachtet. Insofern ist die „Welt" eine hochzuschätzende Hilfe, wenn es um innere Wandlung geht. Denn „wie innen, so außen" besagt eines der kosmischen Gesetze, und ich habe „die Welt" anstatt sie zu fürchten, wie ich gelehrt wurde, als wertvollen Bewusstseinsspiegel kennen und schätzen gelernt. Es gibt darin viele wunderbare Menschen, mit großem Herz, in erfreulicher Vielseitigkeit und mit großartigen Herzqualitäten. Solche werden auch Dir als Aussteiger begegnen, Du darfst Dich drauf einlassen. Und solltest Du Dir nicht sicher sein, ob Du „einem Guten" begegnest, dann frag Deine Selbstachtung: will er Dir Deine Selbstachtung absprechen oder sie reduzieren, dann Hände weg von ihm. Fördert er Deine Selbstachtung, dann hast Du möglicherweise einen echten Freund gefunden, der Dich ein Stückchen weit begleitet – wer weiß? Du wirst es nie herausfinden, wenn Du Dich nicht drauf einlässt!

Bei guter und beständiger Pflege Deiner Selbstachtung wird Dich niemand mehr so leicht manipulieren können oder Dich gegen Deinen Willen beeinflussen können. Es wird Dir zunehmend gleichgültig sein, was andere über Dich denken und wie sie Dich beurteilen. Du wirst nach und nach sicherer in Deinem Tun, in Deinen Zielen und in der Verwirklichung Deiner Herzenswünsche.

Der nächste Schritt auf dem Weg zur Selbstverwirklichung für einen Aussteiger ist das Neudefinieren und Wiederaufbauen des SELBST-WERTES, was ausführlich im Band 2 behandelt wird.

EPILOG

Als eine in der Organisation der Zeugen Jehovas Aufgewachsene mit Hingabe an diese bis zum heftigen Fanatismus und mit 33 Jahren Ausgestiegene war ich sehr dankbar für diverse Literatur von anderen Ex-Zeugen, denn dadurch bekam ich Hinweise und Inputs, wie es funktionieren kann, mich vom Gedankengut und den Prägungen dieser Organisation loszulösen. Ich wusste nicht, wie sehr mich dieser Glaube und die Lebensweise geprägt haben, und noch weniger hatte ich eine Ahnung davon, wie ich wieder zur völligen Selbstbestimmtheit gelangen konnte und meine ureigene Identität finden könnte.

In den vielen Jahren der Selbstfindung und der Bewusstseinsarbeit befasste ich mich intensiv mit grundlegenden Bausteinen des bewussten Menschen und kam zu dem Schluss, dass die SELBSTVERWIRKLICHUNG ein sehr wichtiger Inhalt des Menschseins ist. Das zu leben, was man ist, frei und selbstbestimmt, sich in seinem So-Sein sicher, wertvoll und geschätzt zu fühlen und sich entsprechend zu äußern, schien mir mehr und mehr erstrebenswertes Ziel, und so begann ich zu erforschen, was es dafür braucht. Ich kam zu der Erkenntnis, dass ich mich nur dann selbst verwirklichen kann, wenn ich mich entsprechend liebe, also bedingungslos annehme wie ich bin in meinem So-Sein, frei von den üblichen Bewertungssystemen unserer Gesellschaft. Selbstliebe ist jedoch ohne gesundem Selbstvertrauen nicht möglich, denn wie kann ich mich bedingungslos annehmen und lieben, wenn ich mir nicht (ver-)traue? Wie aber kann ich mir (ver-)trauen, wenn ich mich nicht (wert-)schätze? Andererseits ist Selbstwert ohne Selbstachtung auch nicht möglich, und so kam ich zu dem Schluss, dass erfolgreiche Selbstverwirklichung einen logischen Aufbau hat:

1. Selbstachtung
2. Selbstwert
3. Selbstvertrauen
4. Selbstliebe
5. Selbstverwirklichung

Zu jedem dieser Komponenten gibt es einen Band mit umfassender Betrachtung, speziell aus dem Blickwinkel des Aussteigens aus manipulativer Umgebung (welcher Art auch immer) heraus. So habe ich es selbst erlebt, erfahren und erforscht, und lebe ich es jetzt und helfe auch anderen auf ihrer Reise zur Selbstverwirklichung.

Indoktrinierung und Manipulation bringen immer vom Selbst weg, und die größte Herausforderung in unserer Gesellschaft ist wohl, zu erkennen, wer man tatsächlich ist, welche besonderen Fähigkeiten und Begabungen einen Menschen einzigartig und unvergleichlich machen. Noch größer ist diese Herausforderung für diejenigen, die die Organisation der Zeugen Jehovas verlassen (haben). Wer diese Herausforderung jedoch bewältigt hat, der findet tiefe Erfüllung im Leben, echte Freude im Tun, Herzensfrieden mit allem was ist (oder soll ich sagen: trotz allem was ist?) und empfindet höchste Liebe sowohl für sein eigenes Sein als auch für alles, was sonst existiert.

Würde jeder Mensch genau wissen, wer er wirklich ist, was er besonders gut kann und wofür sein Herz schlägt, sähe unsere Welt anders aus. Dieses Buch und alle weiteren sind ein Beitrag dazu und von ganzem Herzen wünsche ich Dir, liebe Leserin, lieber Leser, Deine urpersönliche und ureigene Selbstverwirklichung auf dieser wunderbaren Erde.

Herstellung und Verlag:
BoD - Books on Demand, Norderstedt

ISBN 9-783752-887884